Aprender a volar II

Las mejores narraciones y mensajes de

Alfonso Lara Castilla
autor de *La búsqueda*

APRENDER A VOLAR II

Selección de Mayra Montoya

EDITORIAL DIANA
MEXICO

1a. Edición, Junio de 1997
6a. Impresión, Febrero de 2000

Diseño de portada e interiores: Ana Lilia Barajas
Fotografía de portada: "Opus 35"

ISBN 968-13-3008-0

DERECHOS RESERVADOS © – Copyright © 1997, por Editorial Diana, S.A. de C.V. – Roberto Gayol 1219, Colonia Del Valle, México, D.F., C.P. 03100.

IMPRESO EN MÉXICO — PRINTED IN MEXICO

Prohibida la reproducción total o parcial sin autorización por escrito de la casa Editora.

CONTENIDO

PRÓLOGO: Mayra Montoya
RIQUEZA Y SABIDURÍA: Mayra Montoya

1. ¡COMPROMÉTETE A VOLAR!	*17*
2. ¡NO DEJES TU DESTINO AL AZAR!	*23*
3. ¡APRENDE A VOLAR!	*33*
4. ¿QUÉ INQUIETA A TU CORAZÓN?	*39*
5. ¡MIRA... TU PAÍS TE NECESITA! ¿QUÉ ESPERAS?	*49*
6. ¿DESCONOCES LA ESENCIA DE TU BÚSQUEDA?	*57*
7. ¡NECESITAS VOLVER A NACER!	*65*
8. ¡TU LUCHA VALE LA PENA!	*73*
9. TÚ ERES UN ÁGUILA... ¡VUELA!	*81*
10. ¡HAZ TU PROPIO NIDO!	*91*
11. ¡TU DESTINO ES TRIUNFAR!	*95*

12. ¡TU VIDA ES TU VIDA!   *103*
13. ¿QUIERES CONOCER EL SECRETO DE LAS ALTURAS?   *111*
14. ¡UN ÁGUILA ETERNA!   *117*
15. ¿QUÉ PAPEL JUEGAS EN EL MUNDO?   *121*
16. ¿QUÉ ESCRIBIRÁN SOBRE MI TUMBA?   *129*
17. ¡DEFIENDE Y AMA TU PROFESIÓN!   *137*
18. ¡NECESITAMOS TU PRESENCIA, MAESTRO...¡   *143*
19. ¿CUÁL ES EL DESTINO DE LAS ÁGUILAS?   *149*
20. ¡GOZA TU REALIZACIÓN!   *153*
21. ¡VUELA HACIA LA ESPERANZA!   *159*

PRÓLOGO

Lo que alimenta y estimula a un autor para seguir escribiendo es la aceptación y el apoyo de sus lectores.

Nada es tan gratificante como saber que ha llegado a un gran número de seres humanos, que ha tocado las fibras sensibles de su ser y que los corazones de sus lectores han captado sus mensajes haciéndolos propios. Por ello se dice que una vez editada una obra ya no pertenece sólo al autor sino que es patrimonio universal.

Así son los libros del gran escritor Alfonso Lara Castilla, quien con su estilo propio, mensajes profundos y amenos, nos orienta con amor para alcanzar el camino del compromiso y la realización. Por esta razón, y con mucho orgullo, presentamos a ustedes esta segunda recopilación de algunos de los mejores momentos de su obra.

Esperamos que, en sus páginas, encuentren la ayuda, el apoyo y el estímulo, para dar el siguiente paso en el camino de su crecimiento personal.

A veces es necesario hallar una guía, ya sea el padre, hermano o amigo, que sirva de granjero y nos dé el empujón para poder probar nuestras alas y saber lo que somos capaces de "ser" y de "hacer".

Mayra Montoya

¡APRENDER A VOLAR!
(II)

A LOS HOMBRES
QUE NO SÓLO HAN DECIDIDO
APRENDER A VOLAR
SINO QUE TIENEN EL CORAJE
DE DOMINAR LOS VIENTOS
Y LAS CORRIENTES

Cuando vivas el despertar
de tu ser y en sueños y
acciones logres remontarte
a las alturas y desafiar al Sol,
encontrarás la sabiduría
que bañará tu corazón
y dará luz al camino
de tu trascendencia.

**Son los deseos de tu amigo,
Alfonso Lara Castilla**

RIQUEZA Y SABIDURÍA

Esta segunda obra recopila mensajes con profundo contenido y desarrollo humano de Alfonso Lara Castilla. Representa un justo homenaje al autor. Reúne, como el volumen I, una especial riqueza y sabiduría de pensamientos que alientan al ser humano a superar su condición.

La inspirada pluma del autor toca el espacio y la libertad interior, lleno de tesoros en cada lector, para que éste se descubra, se quite sus temores, miedos y acondicionamientos conformistas que se ha impuesto y que inicie en su realización la transformación de su vida y del mundo.

El autor parte de que cada uno tenemos la capacidad para tomar las decisiones necesarias en cada etapa de nuestra vida, para lograr ser felices y realizarnos plenamente.

Mayra Montoya

1
¡COMPROMÉTETE A VOLAR!

Empecé a caminar... hacía días que no encontraba una razón de vivir; los problemas eran cada vez más fuertes y el vacío y angustia que sentía deformaba mi voluntad y mis deseos de ser mejor... de ser diferente. Las crisis económicas, la falta de sentido de oportunidades y de seguridad; esa incertidumbre congelaba mi corazón y me alejaba de la realidad...

Vagaba en una especie de sopor... de amnesia; no lograba entender mi sentir, mi rebeldía. Sólo mi orgullo, mi deseo ardiente de libertad y la necesidad que sentía de comprender a mi ser, y mantener mi espíritu de lucha, sostenían mi decisión de comprometerme a volar.

Quería salir... huir, demostrarme algo a mí mismo; sentía un dolor, un choque en mi interior, una inquietud incontrolable, un desasosiego continuo y una terrible necesidad de sentirme tranquilo y satisfecho.

Buscaba... sin saber qué era lo que habría de encontrar.

La angustia de mis insatisfechas necesidades e inquietudes me producía sobresaltos y temores indefinibles. Sabía que estaba inmerso en este mundo, en este espacio, en el que me sentía atado, desilusionado y desconcertado por tantas situaciones sociales y políticas que destruían la esperanza.

No aceptaba esos comportamientos absurdos de personas cargadas de violencia y poder, carentes de valores e ideales que sólo se mantenían manipulando a través de la propaganda sutil y tendenciosa que se infiltraba en mi mente... en mi sangre, y no me dejaba ni pensar.

También sentía el rechazo o la tolerancia de mis amigos mediocres, apáticos, y la incomprensión y desorden de mi familia. No quería ser como ellos; estaba deseoso de amar, de ser alguien por mí mismo.

Buscaba desatar mis ligaduras y encontrar mi libertad, mi "yo", el sentido de vivir, ¡una razón que justificara mi existencia!

Pasaba horas con mi mente en blanco o llena de pensamientos vagos, negativos, sin concretar. No encontraba ese algo que me hiciera sentir completo. Luchaba por entender: *¿quién soy?, ¿qué me toca por hacer y contribuir?, ¿cómo llegaría a ser alguien?, ¿Por qué esa incomprensión del mundo que me rodea?, ¿por qué esa inconformidad, esa zozobra?, ¿a dónde quería o debería dirigirme?...*

¡Necesitaba encontrar un camino... alguien en quién confiar! ¡Deseaba aceptar el compromiso para aprender a Volar!..., pero faltaba una decisión consciente.

Después de varios momentos de reflexión empecé a vivir mi compromiso con la actitud de ser un caminante en búsqueda. Sentí que surgió desde mi interior la voluntad de vencer, que como un sello invisible se grabó en mi espíritu.

Ahora podía convertirme en ganador, en todas las áreas y acciones de mi ser.

Al actuar, pensar y decidir como un

hombre comprometido, empecé por estar consciente de mi realidad y saber cuál es mi misión en la vida, ¡y decidí cumplirla!

Ése sería mi compromiso de ahora en adelante.

¡¡Seré un ser en búsqueda!!
¡Aprenderé a volar!...

2
¡NO DEJES TU DESTINO AL AZAR!
El país de los gatos gordos

Comencé a tener alucinaciones. Soñé que vivía en el país de los gatos gordos, en donde todas las organizaciones estaban protegidas y favorecidas por los dioses y programadas para ser felices y rentables.

Era un país donde predominaba el paternalismo político, social y empresarial, cuyos mercados estaban protegidos y habían convertido a los clientes y ciudadanos en cautivos, deseosos de adquirir y recibir, pero incapaces de demandar calidad, servicio y... mucho menos precio.

Este país se caracterizaba por un "aceptable" libertinaje y corrupción; por las notables diferencias en la distribución de la riqueza; por el juego de poder político inquebrantable y por los márgenes de ganancia abiertos, capaces de absorber el dispendio, la improductividad y la incompetencia de las organizaciones.

En esa cultura de complicidad y conformismo donde no se exigía ni se demandaba, en la que "todos aportaban lo mismo", su actitud era de espera y dependencia, casada con la seguridad y la comodidad.

Era un país donde las tres últimas generaciones habían vivido sin crisis, sin guerras... sin hambre. Estos seres protegidos por los dioses estaban acostumbrados, en todos los niveles, a ronronear alrededor del "jefe-amo" o de quien les pagaba, dejándose libremente consentir y proteger.

En su sueño escuchaba la Organización las palabras del astrólogo, que alarmado y ansioso anunciaba:

_*¡Hay mutaciones en los astros!... Vendrán tiempos difíciles y situaciones inesperadas, así como demandas inimaginables; se presentarán cambios que llevarán a un giro radical a nuestro país... a nuestro mundo.*

Todos los gatos gordos lo escuchaban con indiferencia y sarcasmo, en actitud de prepotencia. Creyendo que lo sabían todo, ninguno de ellos se tomaba la molestia de cuestionar nada. Sin embargo, un joven que parecía algo interesado, le preguntó:

–Y si realmente han ocurrido mutaciones en los astros... ¿qué nos puede pasar?...

–Lo peor –contestó el astrólogo–. *Va a subir lentamente el agua y si no nos enfrentamos a nuestro momento histórico, todos moriremos ahogados...*

El astrólogo siguió gritando en plazas y calles, pero los gatos gordos, seguros de que lo que anunciaba nunca ocurriría, se mantuvieron en espera con su acostumbrada dependencia e indiferencia.

Y... comenzó a subir el agua... el valor de la moneda se desplomó, la inflación aumentó, disminuyó la capacidad adquisitiva, se abrieron las fronteras, se inundó el país de tecnología y productos extranjeros, las tasas de interés llegaron a niveles increíbles y las inversiones extranjeras bajaron, los costos se elevaron, se vieron inundados de productos chatarra... y los riesgos aumentaron. El gobierno estaba en quiebra; perdía imagen y credibilidad. Lo más triste era que parecía que nadie tenía capacidad para resolver la situación.

Al seguir subiendo el agua los valores se desvirtuaron y aumentó la corrupción, los conflictos y la violencia. Y se fue haciendo palpable la miseria de la mayoría y la gran riqueza y comodidad de unos pocos.

Al cubrirles el agua hasta el cuello, algunos líderes angustiados fueron ante el Patriarca para que mágicamente solucionara su problema, el cual ingenuamente creían que sólo consistía en:

Bajar el nivel del agua para evitar ahogarse.

El Patriarca, dispuesto a prestarles ayuda les dijo:

–¡El problema es muy grande!... por ello hemos dedicado mucho tiempo para encontrar la mejor solución.

Este entorno cambiante, este momento histórico de la humanidad, esta avalancha de cambios nos ha sorprendido y nos inunda de incertidumbre y de ignorancia. Aún desconocemos o no entendemos los beneficios que conlleva esta etapa, en donde crecen las demandas del hombre y sus organizaciones.

Y es vital que nos preguntemos:

¿Cuál es el mandato o solicitud que exige nuestro país en este momento histórico?

No podemos abandonar nuestro destino al azar o a la decisión de extranjeros...

tenemos que actuar; no es momento de estar pasivos, sólo recibiendo los impactos del medio.

Es indispensable dejar esta actitud de comodidad y dependencia e inculcar en nuestras organizaciones una cultura vigorosa y competitiva que nos sitúe en posiciones ventajosas ante el mundo.

Debemos arriesgarnos a cambiar... buscar nuevas alternativas y estrategias que nos permitan salir de este estancamiento y decadencia, y que den pauta a altos niveles de conciencia.

Los líderes, inconformes y desilusionados con la solución del Patriarca, en actitud de reproche le reclamaron:

–Venimos a que nos hable de soluciones concretas que nos permitan bajar el agua para no ahogarnos, no a que nos

hable de deseos y conceptos utópicos que no nos llevan a nada...

Fue entonces cuando el Patriarca sabiamente contestó:

–Veo que aún no comprenden la situación de nuestros habitantes, de sus organizaciones, y aún esperan la fórmula "mágica" que implique protección, beneficio y paternalismo.

¡Esto ya no puede ser posible!...

Es absurdo e irreal pensar así. No debemos orientar nuestro esfuerzo a que el agua baje... ¡porque no bajará!... seguirá subiendo día a día... minuto a minuto.

Los invito a que orientemos nuestros esfuerzos, no a bajar el nivel del agua... sino a buscar...

Cómo aprender a vivir bajo el agua.

3
¡APRENDE A VOLAR!

Había pensado durante mucho tiempo en tomar la decisión de hacer algo... para salir de la apatía y conformismo en que mantenía a mi espíritu pasivo, sin correr los riesgos y sin demostrarme que sí soy capaz de trascender.

Necesitaba un reto... una meta, algo que llenara mi anhelo de trascender. Sin pensarlo, llegué al pie de una hermosa montaña, que por su majestuosa presencia invitaba a conquistarla. La observé y sentí algo dentro de mí.

¡Quizás ésta era la respuesta!

Escalé peligrosos acantilados y difíciles laderas. En mi ascenso admiré grandes maravillas, sentía que cada planta de las veredas formaba parte de mí.

Casi en la cima de la montaña, una extraña sensación recorrió mi cuerpo cuando entré a una cueva. En su interior, había un ambiente cargado de paz y tranquilidad y por entre las rocas, se filtraban rayos de luces multicolores.

Las paredes estaban tapizadas de figuras y mensajes en letras doradas. Se encontraban ahí las experiencias, pensamientos y manifestaciones del hombre en su paso evolutivo.

Desde el interior de esa increíble cueva se gozaba y contemplaba la fantástica belleza que expresaba con plenitud la naturaleza y el increíble espacio lleno de calma y plenitud que reinaba entre las montañas.

Sentí estar en otro mundo, en otro espacio, en otro nivel de conciencia... extraño, desconocido, inquietante... y a la vez sereno.

Ahí, absorto en el azul del cielo abría mi interior y empezaron a fluir mil pensamientos; percibía sensaciones diferentes, sentía un gozo muy especial al pisar ese suelo misterioso... ese lugar encantado de incomparable belleza.

Ahí, en ese estado de meditación, en comunión con la naturaleza, en donde me sentía parte integrante de la Creación, vibré de emoción al escuchar mi voz interior que anhelante decía:

¡Aprende a Volar, trasciende tu ser, cumple tu misión, tú has nacido para ser libre, para amar y para dar respuesta; tú eres único, diferente...! ¡Vuela...! ¡Aprende a Volar...!

Con sus palabras por primera vez comprendí que sí, aprendería a volar...

A salir del estado apático, carente de sentido; encontraría un nuevo reto...

Fijaría una difícil meta y cumpliría la misión de vivir la esencia trascendente de mi ser; ser libre y dar respuesta a mis necesidades, y amar no sólo a mi familia, a la humanidad, sino a todo ser viviente, participando con entusiasmo y creatividad en demostrarme que sí puedo, que soy un ser único y creativo capaz de vivir en la libertad.

Ese día abrí mi corazón...
¡Aprendí a volar!

Reflexiones sobre el vuelo

Escuché mi voz interior que pedía:

Reafirma tus valores... universales y eternos. Son el impulso que te llevará a alcanzar alturas y logros insospechados por medio del esfuerzo, del trabajo, la perseverancia y la convivencia, que son la expresión humana.

¡Vive los valores como el privilegio que te otorgó el Creador!

Volar es...

Vivir con sentido... entrega, amor y felicidad... demostrarte continuamente a través de retos lo que eres capaz de ser y hacer aprendiendo a trascender por tus actos, en el tiempo y el espacio...

4
¿QUÉ INQUIETA A TU CORAZÓN?

Inquieta a mi corazón la contradicción de lo que creí era la escuela y la necesidad de estudiar y prepararme para ser alguien y triunfar en esta vida, y la actitud de los maestros y la falta de ambiente para amar el estudio.

Mis padres siempre me explicaban lo hermoso que era conocer y aprender. Mi abuelo decía que, gracias al estudio, el hombre rescata sus valores morales, eleva su espíritu, satisface sus necesidades y logra triunfar. Por eso, yo ansiaba ir a la escuela. Estudiar todo lo que enseñaran los maestros para grabar en mi mente todas las lecciones como un tesoro.

Estaba dispuesto a participar y conocer las maravillas que el hombre ha conquistado y soñaría que yo era parte de la historia y propulsor del futuro de la humanidad. Mediante la ciencia, la tecnología y los adelantos en computación, cibernética y ecología, conocería los adelantos de la mente humana. ¡Sería el mejor alumno!

Pero no fue así. En cuanto llegué me di cuenta de que no era lo que había soñado, ni lo que me habían contado.

Vi con tristeza que los maestros nos hacían sentir que era una pesada carga tener que enseñarnos. Parecía que no les interesaba que aprendiéramos, sólo que estuviéramos quietos y sin hablar, que recibiéramos sus órdenes y apuntáramos su dictado. No les importaba que entendiéramos o no, sólo que no les diéramos trabajo.

No deseaban que fuéramos jóvenes alegres, juguetones, libres; eso les lastimaba y encrudecían los castigos y las amenazas de reprobarnos y acusarnos por mala conducta.

Tenían una sublime sutileza para humillarnos y hacer que cada día nos sintiéramos inferiores al resto de la humanidad.

Esto lo hacían con el fin de que los viéramos superiores a nosotros, pero en realidad sólo nos provocaban el rechazo y el deseo de que se terminara ese año para no volvernos a ver.

Siempre anhelé que alguien se diera

cuenta y que cambiara ese sistema de enseñanza, que destruía día a día mi amor por el estudio.

Unos compañeros dijeron:

–Sigue el juego, "invierte" tu tiempo para que se convierta en un grado... en un papel al fin de año; entre más papeles tengas, más vales. No estás solo en este juego; somos muchos.

Pero mi problema era que yo quería aprender, aprender para dar algo, no quería sólo un papel. Me sentía humillado y desaprovechado.... pero... aguanté... aguanté...

Lo que más me confundía era que los maestros nos regañaban por ser una juventud sin iniciativa, poco creativos y poco comprometidos con los estudios, sin capacidad de razonar y sin amor a la escuela.

Con su falta de respeto a sí mismos y hacia todos nosotros, perdimos el valor de participar.

Sólo se nos obligaba a escuchar y obedecer.

Yo trataba de ayudar a mis maestros, hacerles ver que la juventud quería realmente estudiar, que se preocuparan por enseñar, que prepararan sus clases y nos dieran la oportunidad de participar y demostrar nuestra iniciativa y creatividad.

Pero la mayoría de ellos, por diversas razones, se *sentían exhibidos, amenazados*. Era entonces cuando comenzaban a reprimirme directa o indirectamente.

Yo buscaba la forma de que no me reprobaran; estudiaba dos o tres veces más, para no tener que caer en los juegos acostumbrados de "comprar o pelear" el examen o la calificación.

Empecé a participar en concursos de oratoria, pero tuve problemas, cuando en un discurso dije:

—*¡El mundo necesita de una juventud que no sea humillada, maltratada, ni temerosa, ni desubicada, pues esta juventud sólo es capaz de formar un mundo pasivo y sin compromiso!*

¡Los maestros deben ayudar a que desarrollemos habilidades, conocimientos y actitudes que nos den la opción a una participación activa y responsable en el presente y en el futuro de la humanidad!

Ese día llamaron a mi padre y políticamente le explicaron lo perjudicial que eran mis ideas y los problemas que podían acarrear.

Mi padre habló conmigo diciendo:

*Conozco tu corazón y
tus inquietudes.
Cuando un hombre llega
a encontrar caminos que desea
seguir por convicción,
debe mantenerse firme y convencer
con la razón,
la verdad y sus acciones.*

Reflexioné...

¿Ves ahora por qué mi corazón está inquieto, triste, roto, desilusionado?

Reflexiones sobre el vuelo

Cuando un hombre no acepta que nació para crecer y alcanzar las alturas, se vuelve esclavo de sí mismo y de las circunstancias.

Comienza a dominarlo la depresión, la inconformidad, el hastío y la pasividad. Sus cualidades y potencialidades se dejan en el olvido y su espíritu se adormece.

Pierde su capacidad para desarrollarse, para alcanzar su realización. ¡Sus alas se oxidan y no puede volar!

Volar es...

¡Seguir la ruta del gozo y el amor mediante el valor, la voluntad y la inteligencia!

5
¡MIRA... TU PAÍS TE NECESITA! ¿QUÉ ESPERAS?

El agua del río era muy agradable; sentía que transmitía a mi ser una fuerza superior, una energía renovada. Además, la grata compañía de una bella mujer, que guiaba mi camino, hacía que deseara que esos momentos no terminaran nunca.

Cuando llegamos a un lugar en donde el río se divide, mi guía gritó:

–*Ven... este camino es el principio de tu*

enseñanza. –Y siguió diciendo.– Para enriquecer tu conciencia... necesitas conocer el mundo de la energía negativa, de la orientación sólo a lo material y donde lo más importante es el dinero.

Logré ver reflejada en aquellas cristalinas aguas una escena grotesca. Presentaba, conforme íbamos caminando, los efectos de la violencia urbana, la corrupción, la degradación del medio ambiente, las guerras, la pobreza y la miseria extrema.

Ella tomó mi brazo y expresó con tristeza:

–¡Ven! ¡Eso no es todo, te enseñaré lugares peores!

–¿Y quién hace esto? –pregunté.

Ella, con triste voz, siguió diciendo:

—El hombre de este siglo, que tiene una imagen falsa de sí mismo y de la naturaleza.

Seguimos en silencio y entramos a un lugar donde una nube gris ocultaba la trágica imagen de caras y mentes enfermas; eran seres controlados por la droga.

Estaba horrorizado y sorprendido, nunca imaginé que existiera tal degradación, esas dramáticas escenas donde prevalecen la droga, la prostitución y la degeneración. Eran sociedades enfermas carentes de respeto y amor a la vida.

Al descuidarnos, se acercaron varios de los enfermos; nos rodearon y empezaron a molestarnos.

—¡Cuidado, son pirañas! —gritó ella.

Y enseguida, robaron todas nuestras pertenencias.

–No te asustes, sólo roban –explicó ella–. Son jóvenes adictos a la droga que tienen que robar para comprarla.

–¿Entonces las próximas generaciones estarán enfermas de la mente? ¿O hay alguna esperanza de que cambie el destino? –pregunté.

Ella contestó:

–¡Sí! Sí la hay, pero requiere del esfuerzo real y el apoyo de todos, porque la droga es un negocio que da más utilidad que el petróleo, porque es fuente de ingresos para todos aquellos que han sido seducidos por el dios dinero.

–Vámonos de aquí –le dije–. Es triste observar esta degradación del ser humano, donde la dignidad y la vida se pierden por la ambición de quienes prefieren la ganancia por encima de la dignidad humana.

Cuando nos encontramos otra vez en el río de la conciencia, reflexioné en voz alta:

–Mi corazón llora, al aceptar que estamos heredando una sociedad enferma mental y espiritualmente.

Ella, mirándome a los ojos, comentó:

–¡Hay una esperanza!... los individuos, los ciudadanos y el nacimiento de una nueva sociedad en la que el poder lo tendrá la ciudadanía; en donde el gobierno sólo será un líder que aglutine y promueva la participación, que estimule la creatividad, la innovación y el desarrollo integral del hombre, dentro de un marco de derecho.

Y siguió diciendo, con una sonrisa:

–Esto surgirá por la actual falta de voluntad política y de claridad en los

gobernantes para resolver los problemas. Sin desearlo, están promoviendo que el ciudadano común busque soluciones al margen de las estructuras tradicionales.

Lo importante es entender a la sociedad en que vivimos... Es la hora en que debemos participar y contribuir. ¡Ven!...

Empezamos a nadar de nuevo, guiados por un resplandor. Al llegar, pude comprender que era la entrada a un nuevo espacio. Al pasar me encontré con edificios y gente que conocía; me quedé sorprendido.

–¡Éste es mi país! –exclamé asombrado.

–¿Es tu país? –preguntó ella desconcertada. –*¡Este país está en crisis!... Está cuestionándose desde los cimientos sus ideologías, valores y estructuras. Es un país en* plena metamorfosis social, con capacidad de salir del capullo y transformarse en una "Nueva Sociedad".

¡Mira!... Tu país te necesita. ¿Qué esperas? Entiéndelo, analízalo, vívelo y comprométete a participar creativamente en su transformación.

¡Prepárate y participa en el nacimiento de un nuevo país!

6
¿Desconoces la esencia de tu búsqueda?

Ese día, el águila en búsqueda, que simboliza el espíritu de cada uno de nosotros, abandonó el valle.

En mi ascenso, aprendí algo nuevo en cada obstáculo y en cada situación. Gozaba dentro del interior de mi ser, sin considerar el tiempo ni el esfuerzo. Hasta que fui logrando, en cada etapa, una mayor afirmación de la vida.

Cuando me encontraba a gran altura,

descubrí sobre las nubes a un Águila Serena, majestuosa, segura de sí misma.

Y le pregunté:

–*¿Cuál es el destino de las águilas?*

El Águila Serena contestó:

–*¡La realización!*

Al escuchar esta respuesta, tanto tiempo anhelada y casi imposible, observé sorprendida la actitud del Águila Serena, y la belleza de sus alas y su plumaje. Y le dije:

–*¿Qué es lo que me ha sucedido? Partí hace tiempo en busca de la realización.*

Me preguntaba: ¿qué es?, ¿cómo encontrarla? Muchas veces me dije: ando a la búsqueda de un ideal que no existe. La realización es imaginaria; seguir buscando significa vivir de fantasías e ideales, derrochar energías.

El Águila Serena escuchó atentamente, y contestó:

—¿No será que desconoces la esencia de tu búsqueda?

Y explicó:

—Buscar significa estar abierto, contemplar y sentir lo que te rodea y es propio. Es identificar, en cada etapa del camino, el valor de las águilas, superándote a ti mismo, a tu propia naturaleza y a las circunstancias. La realización es un camino constante, en el que haces participar y desarrollar todas tus potencialidades.

La realización es crecimiento continuo de tu ser, a través del cual has de satisfa-

cer las necesidades superiores que te acercan más a tu propia naturaleza. Es algo que encontrarás y desarrollarás dentro de ti.

Es un sentimiento que puedes aprender a identificar, experimentar y evaluar. Es éxtasis y plenitud para quien lo siente.

Será siempre en ti un aumento de esencia vital. El Águila realizada se encuentra en ti en forma potencial. Es necesaria tu decisión para desarrollar y orientar toda tu energía interior, para despertar dentro de ti el compromiso que tienes contigo mismo.

Varias veces paseamos juntos por el valle. El Águila Serena hablaba sobre los secretos de la vida, el destino de las águilas, la realización y la filosofía del compromiso al servicio de las águilas.

El Águila descubrió que su acompañante actuaba con una percepción clara y veraz de la realidad, con una actitud de reto hacia la vida; que en cada actividad veía la oportunidad de realizarse; que actuaba en forma espontánea, alegre y sincera; y que se detenía constantemente para apreciar y experimentar, con el empeño de conocer y entender, en forma ingenua, la naturaleza y los bienes de la vida.

También observó cómo el Águila Serena, a cada instante, trataba de influir en el medio a través de sus acciones; cómo llevaba sus pensamientos y sus valores a la acción; cómo actuaba con libertad interior y exterior; y cómo controlaba las situaciones y autodirigía sus acciones. ¡Se gobernaba a sí misma!

Admirado por estas enseñanzas, procuré entenderlas y asimilarlas. Comprendí a través de la conducta y actitud del Águila Serena, su profundo conocimiento y comprensión de la vida: sabía qué hacer en cada situación, cuándo hacerlo y el porqué de las cosas y de las reacciones de los seres.

¡Conocía los secretos de la vida!

Reflexiones sobre el vuelo

Aprendí que: ¡Vivir en armonía, en cualquier tiempo, lugar y cultura, influyendo y dejándose influir, conforme a las situaciones, es búsqueda constante, es necesidad del hombre, es desear trascender!

Volar es...

¡La posición interior más determinante es el modo de entender, sentir y gozar nuestra existencia!

7
¡NECESITAS VOLVER A NACER!

Caminé hacia una mesa de piedra que recibía un rayo de luz, en la que se encontraba y sostenía un libro abierto con hojas de filo dorado. Sorprendido vi que estaba en blanco. Escuché una voz que con ternura dijo:

–*¡Coloca en el libro las palmas de tus manos!*

Coloqué en aquel libro con cuidado las palmas de mis manos. Tenía las páginas en blanco y una tenue luz interna...

Un extraño miedo me impulsó a cerrar el libro. Después volví a abrirlo lentamente y lo *empecé a leer*. Para mi sorpresa, aparecieron escenas de mi pasado que rápidamente fueron desfilando, hasta llegar al momento en que encontré el libro. Lo fui cerrando despacio y leí el título que decía: "El segundo nacimiento".

–¿El segundo nacimiento? –me pregunté–. *¿Necesito volver a nacer?... Pero para eso tendré que morir... Morir... ¿Cómo?... Nacer... ¿Cómo?...* Eran dudas e incógnitas que sólo yo tendría que despejar.

El libro seguía en blanco. Con desesperación busqué el final, pero le faltaban hojas...

–¿Quién juega con el futuro de mi vida? ¿Debo tener un futuro?...

¡Ahora comprendo! Aún no existe, de-

penderá de mi renovación como ser humano, de mi nueva historia... pero después de mi segundo nacimiento... ¿cómo seré?

Volví al libro, coloqué mis manos otra vez y sentí un mensaje:

–Nacerá ese hombre nuevo, cuando florezca en tu interior el compromiso y aceptes con dignidad el lugar que te tiene asignado la historia.

Escuché dentro de mí un mensaje:

¡Sueña!... ¡Sueña!... ¡Sueña!...

–¿Soñar?... ¿Qué?... –me pregunté– .

Y escuché nuevamente la voz:

–Sueña cómo serás y cómo serán tu sociedad y tu país en el nuevo milenio.

Todo volvió a quedar en silencio. Traté

de soñar, viví momentos de fatal descontrol. A veces cerraba los ojos para figurarme cómo sería, pero algo sucedía, mi mente se bloqueaba, necesitaba volver a aprender a soñar como en mi niñez...

Decidí sentarme a meditar, a entender desde mi interior lo que deseaba ser, lo que el momento solicitaba de mí.

El problema era que me habían enseñado a vivir el pasado y algo del presente. Me habían robado mi capacidad de vivir con ilusión, mi capacidad para ver y pensar en el futuro.

Mi impotencia para soñar me enfermó. Un calor cubrió mi cuerpo y la pesadez de mi cerebro no me permitía concentrarme, meditar... alcanzar el silencio.

De las paredes de aquel lugar colgaban estalactitas y al fondo había una cascada que formaba una gran cortina de agua; sin pensarlo, me dirigí hacia allá y me senté justo abajo de la caída de agua, deseaba bañarme en el agua de la conciencia...

Deseaba vivir una reflexión, un análisis... una búsqueda que me permitiera soñar el papel o la misión que me tocaba jugar en el gran proyecto de construir juntos, ante la "Nueva Sociedad", algo que diera sentido y dirección a mi vida.

Ahora sabía que debía quitar todas las obstrucciones que no me permitían soñar creativamente y deshacerme del pasado. Pero hacerlo producía angustia y mi corazón, a cada instante, se entristecía más.

¡Estaba claro!... Este momento crítico me desafiaba, no sólo a diseñar mi futuro... sino a participar en la construcción de ese sueño.

Y escuché otra vez la voz:

Una visión prospectiva de la Nueva Sociedad, significa esperanza y fe en el futuro, para comprometernos no sólo a ser excelentes

*sino también...
diferentes.*

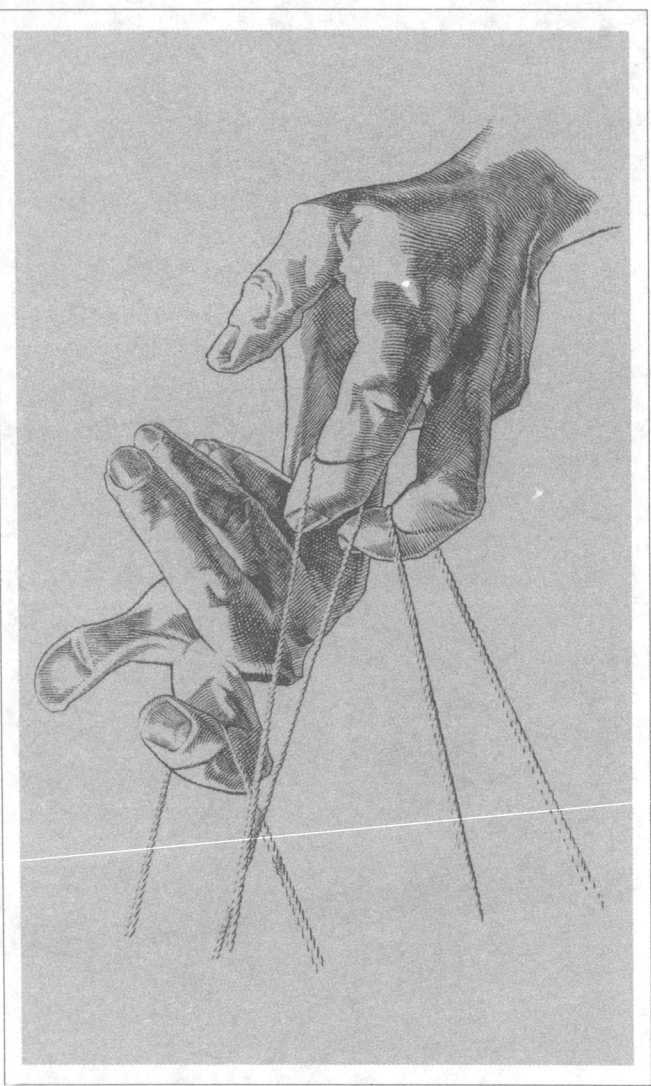

8

¡TU LUCHA VALE LA PENA!

Amaba mi misión de maestro. Cumplía lo mejor con mis alumnos. Sin embargo, sentía que me encontraba en una terrible soledad, en una noche sombría sin luna, sin esperanza.

Había mucha maldad y envidia a mi alrededor. Me sentía traicionado, vigilado, manipulado. Y no sabía por qué, o a quiénes estorbaba.

Como respuesta a mi tristeza, recordé las palabras cargadas de amor y sabiduría del maestro que influyó para descubrir mi vocación, quien nos decía:

—Ustedes se preguntarán: "¿Cómo podemos comenzar a cumplir con nuestra misión de maestros, si a muchos nos faltan los recursos, las habilidades y los conocimientos de técnicas avanzadas en educación?".

¡Si lo deciden, mañana que vuelvan a su salón de clase, se dará el fenómeno mágico!

Educar es actuar con un verdadero compromiso profesional, un compromiso que salga y madure desde el interior de cada uno; es algo que tiene que brotar desde dentro, por convicción, basado en una decisión íntima y personal.

Al reforzar su entrega como verdaderos maestros y el gozo de hacerlo, empeza-

rán a vivir, cuestionar, crear y construir técnicas y métodos didácticos dirigidos a satisfacer los objetivos comunes en que ustedes, como maestros, junto con sus alumnos ganen el aprendizaje de una excelente calidad educativa.

"Mi maestro" nos siguió diciendo:

–No busquemos la eficiencia que nos dan las técnicas si no están respaldadas por una entrega mutua del maestro y el alumno hacia lo esencial de la educación, o sea prepararse a una vida mejor.

Deben preocuparse para que dentro del proceso y del salón de clases se viva, se experimente, se investigue, se desarrollen experiencias que enseñen a vivir, y así despertar uno de los recursos más valiosos: la participación activa y comprometida del alumno.

Como un cambio súbito en mi mente, vinieron con claridad los momentos en que dirigía reuniones de crecimiento dentro de las comunidades rurales y marginanadas. Me sentía tan útil, amaba mi labor de maestro. Bajo un ambiente de confianza y de búsqueda logramos comenzar a abrir sus conciencias, desde el interior de su ser, para que aceptaran un cambio de vida que les permitiera un mejor nivel y les ayudara a ser autosuficientes, productivos y libres.

Nos sentimos guerreros que lográbamos la renovación y el rescate de las conciencias. Nuestro lema fue:

"Pienso, decido y trabajo, y mi acción transformará al mundo."

Se trataba de orientar su visión hacia una conciencia realista de su situación, logrando que ellos enriquecieran su sistema social, que lo hicieran más humano, más retador, más competitivo y más emprendedor, sin perder sus valores y su esencia.

También en las clases de la universidad formamos un equipo de trabajo, preparando, orientando, alfabetizando a hombres y familias marginadas; combatíamos la ignorancia y la inconciencia para que hicieran uso de las oportunidades y beneficios de la civilización.

¡Todas estas acciones eran preciosas, pero no imaginaba cuánta envidia y acciones negativas despertarían!

Al ser un maestro capaz de dar lo mejor de mí mismo con entrega profesional, empecé a sentirme diferente, amaba mis clases y a mis alumnos... y recibir la gratitud de mis alumnos con su entrega y con detalles simbólicos, reforzaba mi confianza en cómo lo estaba haciendo y en ellos por responder.

Gozaba cuando entendían mejor al experimentar con nuevas técnicas, y mi alegría era aún mayor al observar el avance cuantitativo y cualitativo de su aprendizaje, para conducirlos a razonar con libertad por sí mismos y emplear la lógica, aumentando cada día los resultados de su aprendizaje.

Como un golpe en mi cerebro, recordé las palabras proféticas de "Mi maestro":

"Cuando el hombre decide cumplir con su misión, tiene que aceptar que corre el riesgo de ser bloqueado, criticado y envidiado por todos aquellos cuya mediocridad los hace sentirse amenazados."

Olvidaría mis angustias, recobraría el respeto y amor a mi profesión y alejaría el pesimismo.

¡Volvería a ser un buen maestro!
¡El mejor maestro!

No importaban los riesgos.
¡Valía la pena
soportar las actitudes negativas!...
Porque mi ser interior
estaba pleno de alegría y
satisfacción al cumplir
con la sagrada misión de ser...

¡Un auténtico maestro!

Reflexiones sobre el vuelo

Las circunstancias no determinan al hombre. Él es quien decide si se somete a ellas.

Volar es...

Alcanzar el supremo desafío del ser humano... luchar por que nazca "tu individualidad", ese "yo" interior que consiste en la fuerza activa, libre de elegir y seleccionar, de sentir y de expresar creativamente tus ideas y pensamientos.

9
TÚ ERES UN ÁGUILA... ¡VUELA!

Naciste con características para volar alto...

Ante una increíble montaña que irradiaba energía, vida, un ser auténtico y comprometido gozaba cada flor y expresión de la naturaleza cuando, de repente, se detuvo admirado. Iba a tropezarse con un huevo. Lo levantó con cautela, lo observó y se dijo:

—*¡El huevo de un águila aún caliente!*

Y se apresuró a ponerlo a salvo.

Buscó con anhelo en cada rincón de la montaña y no encontró un solo nido; entonces pensó en llevarlo a su granja.

Las aves de corral lo recibieron con alegría. Gritaban:

–¡Algo nuevo! ¡Algo nuevo! ¡Es mío...!– Y se peleaban por empollarlo.

Una mañana, al salir el sol, nació un lindo aguilucho, con todas las facultades y características para realizarse; para ser feliz.

Y... con el tiempo, creció.

Conforme a su naturaleza, se fue convirtiendo en una preciosa águila. Recibió atención y protección. Aparentemente nada le faltaba.

El águila se adaptó: pensaba, comía, se acurrucaba y dormía a la misma hora que todas sus compañeras.

No conocía más allá de los huecos y puertas del corral. ¡Sólo el corral!

A veces, algo la inquietaba: el lugar era muy chico, monótono y aburrido. Sentía una profunda soledad; sus alas estaban sucias y entumecidas.

Un día, comenzó a no estar de acuerdo con el espíritu y actitud de las aves de corral.

Y... comenzaron los problemas. Por el suelo se encontraban plumas sueltas: las aves estaban desplumándose.

El granjero desde hacía tiempo las observaba, y llegó el momento en que decidió sacar al águila del corral.

Con deseo de ayudarla, la tomó entre sus manos y le dijo:

–¡Tú eres un águila! Naciste con características propias que dan valor a tu ser. Tú, águila, no permitas que te absorba el ambiente. A ti la naturaleza te ha concedido facultades que te permiten volar en las alturas. ¡Ser única! Ver más allá del valle y afrontar con decisión y agresividad las adversidades de la vida. ¡Sal de tu situación! ¡Remonta tu vuelo! ¡Has nacido para ser libre!

El águila escuchaba en silencio y sorprendida. Miró y sonrió al granjero. Bajó la cabeza, volvió al corral y buscó comida.

Esa noche despertó. Era como si todo hubiera sido un sueño. Empezaron a surgir dentro de ella fuertes inquietudes:

–¿Quién soy? ¿Cuál es mi naturaleza? ¿Por qué estoy aquí? ¿Cuál es mi realidad?– y se hizo otras preguntas, cada vez más profundas.

Así permaneció durante largo tiempo. Por primera vez se consideró distinta de las aves de corral. Reconoció que hasta ese momento había vivido en estado de esclavitud.

Sintió una tremenda fuerza en el pecho, en las alas, en la cabeza. Y se dio valor para preguntar:

—¿Cómo pude perder mi libertad?

En ese momento apareció en su mente una cadena grande y pesada, como un grillete, que la sujetaba al corral.

Comenzó a entender la razón de su esclavitud; a reconocer cómo había llegado a esas horas de pasividad, de adaptación; cómo había cambiado sus oportunidades y sus valores por la seguridad; cómo llegó al servilismo y a su actitud de dependencia; cómo eludió responderse a sí misma, afrontar la vida y comprometerse.

Sintió dentro de sí... más pesada su esclavitud que la libertad.

Su rostro reflejaba desesperación y angustia. Se decía:

–*¿Por qué esperar? Debo empezar a decidir y a actuar por mí misma, a dar mayor valor a mi existencia.*

Conforme reflexionaba y comprendía su situación, sintió la necesidad de... ¡comprometerse a vivir!

Al decidirlo, experimentó la sensación de que volvía a nacer; era como empezar a descubrirse. Cambió su expresión; esta vez reflejaba esperanza, entusiasmo, alegría. Entendió que éste era su momento, la oportunidad de salir de su situación.

Aceptó que todavía le faltaba valor para actuar. Escuchó a su voz interior que le gritaba fuertemente:

¡Águila, inténtalo! ¡Águila, inténtalo! ¡Sal a la búsqueda!

Al amanecer se decía a sí misma:

–¡Por favor, inténtalo!

Adquirió valor y decidió intentarlo.

Cuando el granjero volvió, se encontró con un águila diferente. Obsesionado por el deseo de que el águila se realizara, la sacó del corral; la tomó nuevamente entre sus manos, esta vez con energía le puso la cara frente al sol y le gritó:

–¡Águila, tú eres única! ¡Sé digna! ¡Entiende tu naturaleza! No te conformes con ser ave del corral; cumple con tu destino; desarróllate. Alcanza las alturas. Comprométete y... realízate.

Y... el águila lloró.

Comprendió su naturaleza, su espíritu de libertad, lo que era capaz de hacer.

Sintió dentro de sí, mezcladas, su voz interior y las palabras del granjero, sinceras y profundas, que la invitaban a salir de su situación.

¡Entendió su compromiso!

Majestuosa y digna, levantó la cabeza, sacudió su bello plumaje y emprendió su vuelo lentamente hacia las alturas...

¡Inició su búsqueda!

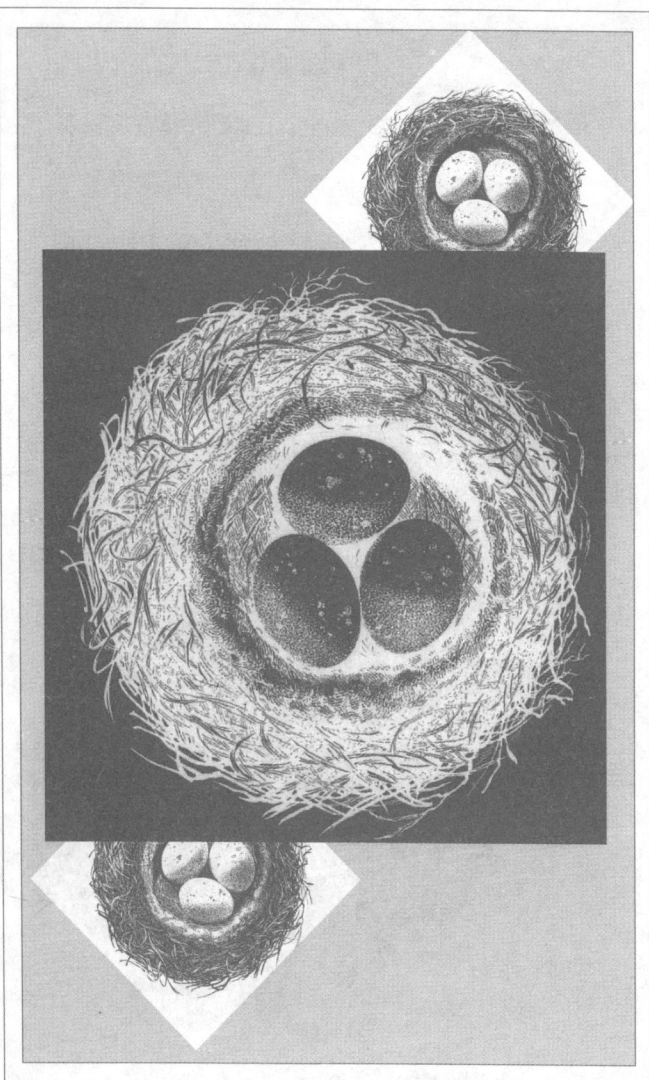

10
¡Haz tu propio nido!

Un día, después de mucho volar, un águila en búsqueda (que simbólicamente eres tú), se sintió satisfecha. Al fin encontró la respuesta anhelada, ahora sabía muchas cosas y conocía el destino de las águilas... que era:

¡Volar muy alto, dar lo mejor de sí misma y trascender!

El águila tenía grandes anhelos de dominar las alturas y se preguntaba:

¿Cómo puedo dominar las alturas?

De pronto, junto a ella, se posó el Águila Mayor, quien por su sabiduría era admirada y reconocida por todas.

Y con voz segura le dijo:

–*¡Haz tu propio nido!*

El águila en búsqueda se quedó pensativa y extrañada.

¿Hacer mi propio nido? ¿Tan sencillo?...

Pensando que era algo muy simple, pero decidida, empezó a construir un bello nido: grande, dorado, con material resistente, bien orientado y confortable. Al terminar estaba orgullosa de su obra.

Al volver el Águila Mayor, en su rostro reflejó la alegría y aprobación. Subió al nido y comenzó a gritar plena de gozo:

–*¡Doy mis garras a que éste es mi nido!*

¡Doy mis plumas, a que éste es mi nido!

El águila en búsqueda sonreía halagada, orgullosa, contenta y satisfecha. Estaba segura de que había complacido al Águila Mayor, cuando de repente, vio en su rostro una gran preocupación y se atrevió a preguntar:

–¿Qué te preocupa?... ¿Puedo ayudarte?

–¡¡Claro que sí!!, –contestó el Águila Mayor–. *En ti está la solución.*

Dime:

¿Qué hago ahora con dos nidos?

¡Haz duplicado mi propio nido!

Ahora te ruego:

¡¡Haz tu propio nido!!... Al tamaño de

tus necesidades, sentimientos, anhelos, valores y circunstancias, pero que sea tu propio nido.

> ***¡Aprende a volar con***
> ***tus propias alas!***
> ***¡Domina las alturas!***
> ***¡Sé tú!***

Y el águila en búsqueda empezó a hacer su propio nido, y dirigiéndose al lector le dijo:

> ***¡Ten valor***
> ***de hacer tu propio nido!***

11
¡TU DESTINO ES TRIUNFAR!

Mis pensamientos volaron de nuevo hacia mi salón de clases. Veía en mi mente un hermoso día, lleno de luz y de calor, cuando mis alumnos y yo evaluábamos nuestro aprendizaje y nuestra respuesta durante el año. Valorábamos tanto mi aprendizaje como maestro y el de ellos como alumnos a la luz de los objetivos comunes que nos habíamos propuesto alcanzar.

Después de saludar a mis alumnos, les

pedí que cada uno de ellos platicara qué aprendieron en el salón de clases.

José empezó haciéndonos sentir que quería participar su encuentro y nos dijo:

–¡Aprendí a vivir!, a través de experiencias que me permitieron conocer, descubrir y entrar en contacto con los problemas de mi interior y de mi exterior, que era importante y necesario afrontarlos para poder vivir y ser feliz.

–Yo aprendí algo valioso –dijo Antonio–, que, a pesar de que se han perdido y distorsionado los valores, pude reconstruir los míos y armonizándolos con mi comportamiento y actitud. Me siento plenamente humano para integrarme y luchar contra mis circunstancias.

Fue Claudia quien intervino:

–Nunca había asimilado con tanta facilidad los conceptos y los contenidos.

Parecía que los conceptos ya estaban dentro de mí y que con libertad fluían sin problemas; siento que las condiciones propicias se dieron en mi interior y en el exterior, armonizando mi "Ser" y mi "Enseñanza".

Jorge, tranquilo, nos participó su aprendizaje:

–Aprendí a canalizar y a dominar todo ese poder interior, convirtiéndolo en imaginación creativa y energía transformadora de nuestra realidad, y me di la opción de vivir mi propia vida con libertad.

Luis interrumpió y como con deseos de ser escuchado dijo:

–Aprendí a nacer constantemente, a buscar siempre un sentido y una razón para vivir, porque soy un ser único que encierra una serie de retos, que en cada

etapa de mi vida debo vencer, apoyado por un compromiso sincero y profundo con mi existencia.

Josefina aseveró:

—Me entendí como un ser humano, digno de confianza, capaz de evaluar, pensar, decidir, sentir y participar en acciones conductivas, con base en mi valor interior y compromiso innato hacia mi existencia.

María, la joven más seria y callada, dijo:

—Por primera vez en mi vida me siento un ser humano, no una cosa marcada con un número de serie, sino como un ser valioso, capaz de pensar, sentir, surgir y crecer.

Martín, el más reflexivo de mis alumnos, dijo:

—Estas vivencias y crecer juntos en este

salón de clases me han ayudado a desarrollar habilidades técnicas y normas sociales e intelectuales, a descubrir mis conocimientos, aptitudes, sentimientos y valores, a ubicarme con verdadero deseo en lo que soy capaz de hacer y de ser.

Siguieron todos los alumnos exponiendo su aprendizaje. Era un gozo, una satisfacción interior, escuchar las opiniones de mis alumnos, y reforzaron lo que yo creía y luchaba. Me sentía satisfecho de sembrar la semilla; nos sentíamos orgullosos de nuestro avance, de nuestros resultados y vivencias, que juntos ha- bíamos logrado. ¡No me podían olvidar!

Se me salieron las lágrimas de alegría, cuando me obsequiaron una hermosa manzana, grande y roja, llena de significados.

En mi mente se reveló de nuevo ese

momento maravilloso de mi vida, cuando se presentaron mis alumnos entonando una canción, escrita para mí, que aún tengo grabada en mi mente y en mi corazón; decía así:

> *Tú eres como el águila,*
> *naciste para volar.*
> *Con fuego de amor dentro...*
> *tu destino es triunfar.*
> *Y cuando comprendas tu dignidad,*
> *nada ni nadie te detendrá;*
> *vive la búsqueda del amor,*
> *de la justicia, de la verdad...*

Sentí la voz de sus corazones que como ondas de vibraciones resonaban en mi cabeza:

¡Te necesitamos, maestro!

¡Tus enseñanzas nos hacen crecer!

Reflexiones sobre el vuelo

Escucha lo que aprendí de mi maestro; quien con sabiduría dirigiéndose a mí dijo: Podrás crecer por ti mismo, cuando alcances a satisfacer con mayor intensidad tus necesidades superiores, cuando busques continuamente tu desarrollo integral, con el que conjugues y equilibres todos los elementos fundamentales de tu ser (tu "bien ser", tu "bien hacer", "bien estar" y "bien tener") en todas las actividades de tu vida.

Y cuando desarrolles y consolides tu voluntad, conocimientos, habilidades, talentos, valores y conducta, podrás crecer por ti mismo y agigantar tu ser.

Volar es...

¡Comprometerse con el futuro!...
Edificar para ti y tu familia un país digno de vivirse, donde prevalezca la libertad, el respeto y la armonía.

12
¡TU VIDA ES TU VIDA!

¿Habrás entendido que... tu vida es tu vida?

...¡Tú tienes que hacerte responsable de ella y darle valor!

Escuchaba en mi mente, continuamente, este reclamo que provenía del fondo de mi ser, de mi voz interior, que martillaba mi cerebro y rompía mi armonía, pero me daba fuerzas para continuar. En mi angustia, en mi inconformidad buscaba culpables para atenuar mi desgracia, le echaba la culpa a mi medio, a mis padres, a mi mala suerte... a todos.

En ese momento en que me sentí indeciso, confundido, humillado y despreciado, apareció mi madre buscándome. Ella, al verme, se llenó de alegría, me abrazó y me dijo con cariño:

–Te tengo una buena noticia... una amiga nos llevará con un brujo. Él te sacará el demonio y la mala suerte.

Un rayo de esperanza iluminó mi vida.

¡El brujo era mi salvación!

Con duda aún, le pregunté a mi madre:

–¿Será acaso que el demonio nos odia tanto? ¿Sólo porque siempre lo maldecimos...? ¿O será este medio que nos mantiene marginados?

Después de mucho caminar llegamos a la casa del brujo y cansados entramos a una gran sala. El brujo estaba haciendo un complicado rito. Al terminar, nos adelantamos y nos postramos ante él, y le tomamos las manos. Mi madre, con lágrimas en los ojos, imploró:

–¡Ayúdelo! ¡El demonio lo tiene poseído!

Cuando lo vi, supe que era el mejor brujo, el más sabio, el más bondadoso. Fijó su vista en mis ojos, como si a través de ellos pudiera ver mi alma.

Tomó suavemente entre sus manos mi cabeza y sopló sobre mi pelo; sentí como si un frío extraño penetrara en mis entrañas. Después tomó mis manos; las observó profundamente con tranquilidad, sin prisa.

Me indicó que me acostara y con gran delicadeza, como si estuviera en trance, me examinó sin tocarme.

Sentía su mirada penetrante con una

fuerza poderosa. Yo esperaba ansioso su respuesta, quería que hablara, que me explicara lo que había visto en mí.

Era el único que me podía quitar el demonio, el mal puesto, el embrujo de la mala suerte que alguna persona me dejó para perjudicarme; para que me perdiera en el abismo más profundo, el de la inseguridad, el de la debilidad; en la prisión de la mediocridad.

Serenamente, el brujo me miró fijamente a los ojos. No resistí su penetrante mirada, por vieja y por sabia. Al ver que yo con timidez bajaba la cabeza, la levantó y ordenó:

–¡Mírame de frente... no seas cobarde! Tú no tienes ningún hechizo, ni estás poseído por el demonio. Él no se preocupa por seres como tú. ¡Puedes irte!

Sorprendido y fuera de mí respondí casi gritando:

—¡Me decepciona, yo esperaba que usted resolviera mi problema... no que me humillara! ¡Usted no es un brujo, es un charlatán, ni a curandero llega! ¡No sabe lo que tengo y por eso me habla así; no puede curarme y no se molesta en pensar!

El brujo se quedó en posición desafiante e impasible. Mi madre imploró:

—¡Hijo, retráctate, él es el único que puede curarte!

Tuve que controlarme. Necesitaba de él, de sus conocimientos, era mi única salvación. Me senté con la cabeza entre las manos y, por el amor de mi madre, me dominé y le supliqué con humildad:

—Piense. ¡Haga algo, por favor! ¡Ayúdeme! ¡Alguien tiene que resolver mi problema!

¡Cúreme, el demonio me dirige, él manda!

El brujo permaneció inmutable. Era como un muro construido de silencio. Se levantó impaciente, demostrándome con la mirada que le desesperaba la gente sin fe ni entendimiento. Paternalmente, tomó mis manos y, molesto, aseveró:

–Veo que no escuchas. Estás sano y salvo, sólo que eres un ser débil interiormente. Lo reflejas en tu pereza mental, en tu conformismo, en tu falta de voluntad.

¿Por qué sigues buscando que otros resolvamos tus problemas? ¿Qué no has comprendido?

¡Tu vida es tu vida! ¡Tú tienes que hacerte responsable de ella! Sólo tú, puedes lograr darle valor. ¡Lo que te falta es hom-

bría y coraje! Acéptalo, ni toda mi experiencia, ni magia alguna pueden curarte, ¡sólo tú puedes hacerlo! El mal está en ti... ¡sólo en ti...!

No lo escuchaba, no quería escucharlo.

¡Todo era un timo! ¡Estaba harto! Harto de que me dijeran que mi problema sólo yo podía resolverlo. ¡Qué cómodo! Lo que sucedía era que mi mala suerte me llevaba con puros tipos incapaces e inexpertos. Juré que no volvería a verlo. No tenía remedio; sólo un milagro, algo que viniera del cielo, resolvería mi situación...

Mi madre, de nuevo, se había equivocado; mi mal no tenía remedio, seguiría escuchando la misma frase:

¡Tu vida es tu vida!

13
¿QUIERES CONOCER EL SECRETO DE LAS ALTURAS?

Era un lugar inimaginable, tan hermoso que con palabras no se podía describir. Estaba deslumbrado, jamás había pensado en un lugar así.

Su increíble vegetación dejaba pasar mil rayos de luz que realzaban la belleza y daban la sensación de serenidad. Por un tiempo estuve fascinado; era algo difícil dejarlo de ver, por su incomparable armonía. Su cálido ambiente me envolvió.

Ahí parado, mudo, maravillado, vi cómo en el techo de la gruta surgían mil especies que me hacían ver la magnificencia del poder de la naturaleza y sentir la presencia de Dios.

Grandes estalagmitas se elevaban desde el piso, como tratando de alcanzar el cielo, y preciosas estalactitas se manifestaban como testimonio de la presencia de la naturaleza a través de los años.

Al centro se formaba una laguna con agua transparente, en la que se reflejaban los rayos del sol, que penetraban también por un hueco en la majestuosa bóveda.

El silencio sólo era interrumpido por el persistente ruido de una gota tenaz que caía en la laguna, desafiando la quietud y formando círculos perfectos, como representante de la constancia y esencia del tiempo y de la vida.

Vi a un águila que con movimientos majestuosos volaba en la bóveda y serena logró posarse en una roca. En ese instante la gruta se iluminó intensamente, como una aurora de mil colores y en medio, el águila de luz estaba de pie; sus ojos tenían un brillo intenso. Las paredes de la gruta parecían ahora de cristal; las rocas del suelo refulgían en un verde esmeralda; del cuerpo del águila emanaban rayos que se convertían en puntos cintilantes como estrellas.

Extasiado, no podía creer lo que veía. Intentaba grabar en mi mente ese momento único y grandioso. Al verme, el águila satisfecha, sabia y deseosa de impartir sus enseñanzas, abrió sus brillantes alas y preguntó:

—*¿Quieres saber el secreto de las alturas?*

–*Sí* –contesté ilusionado.

*–Tienes que abandonarte
al viento y unir tu ser
al espacio azul del cielo.
Es un momento en el que logras
integrar en tu interior
lo que te es propio,
¡para abrazar con amor
el deseo de saber volar!*

Y terminó expresando:

*Para volar,
debes amar el viento;
desear con pasión
conquistar las alturas;
tener confianza en tu ser
y creer en tus alas.*

14
¡Un águila eterna!

¿Sabías que esta montaña, que eleva su majestuosidad hacia el cielo, como si en su muda adoración le diera gracias eternamente al Creador, fue siglos atrás una hermosa águila?

Eran las palabras que mi abuelo me decía cuando, aún pequeño, asido de su mano, admiraba la montaña que, a lo lejos, se veía en diferentes tonos de azul.

–*¡Un águila!*

Le interrumpí con asombro. En su cima

se engalanaba con un capa blanca de espesa nieve, que refulgía al ser bañada por los postreros rayos del sol que se despedía en el ocaso.

–Sí hijo, un águila, ¡un águila eterna! Ella ahora es quien vigila que el espíritu, la esencia y la razón del hombre perduren sobre la tierra...

Esa montaña que admiramos era un águila. Un águila muy especial; creció tanto... que se acercó al Creador, quien por su lucha, esfuerzo y compromiso la convirtió en una montaña, para que su presencia alimentara la esencia de los corazones humanos.

–¿Y cómo lo logró? –pregunté.

–Mira hijo, no te puedo explicar, porque no es explicable... Era un "Ser" que por su grandeza interior conquistó la atmósfera y el Cosmos.

Utilizó su gran poder para ayudar a todos los seres en su jornada ascendente, hacia su libertad interior y su plena realización.

Desarrolló a niveles muy altos sus capacidades, la madurez del compromiso, el amor a la libertad y le dio una gran riqueza a su misión, hasta lograr trascender.

Ahora, como la montaña azul, es un símbolo desafiante que nos induce al reto, a la decisión, al riesgo... a la acción.

¡Contémplala hijo, mira su belleza llena de contraste!

Con entusiasmo contesté:

–¡Gracias abuelo! ¡Es hermosa; prometo que creceré y gozaré la libertad y trataré de volar alto y trascender como ella... nunca la olvidaré!

15
¿QUÉ PAPEL JUEGAS EN EL MUNDO?

¿Qué pasaba en mi interior? ¿Por qué no podía descansar? Una angustia, una zozobra, no permitían que conciliara el sueño. Varias veces me levanté preocupado, inquieto; eran demasiados los cambios y los hechos violentos que sacudían las conciencias... Trataba de comprender todos esos hechos de incertidumbre y de juegos políticos y económicos, así como los sistemas complejos, de ambición desmedida que lentamente dominaban al mundo.

Y decía en mi reflexión:

—Es importante despertar nuestras conciencias, para comprender el papel que cada uno de nosotros juega en este momento histórico de nuestro país.

¿Por qué se encuentran dormidos nuestros corazones, al margen de los derechos del hombre? No debemos olvidar que somos portavoces de miles de seres que solicitan mejores condiciones y oportunidades de vida, y que desean el nacimiento de una nueva sociedad.

Guardé silencio. Sentía un deseo inmenso de participar en esta apasionante transformación de mi país, en esta metamorfosis social y de dejar la cómoda posición de espectador para convertirme en protagonista de mi propia historia y futuro.

Solicitaba nuevas esperanzas, con sentido y dirección... y sobre todo caminos de participación. Mi corazón estremecía a mi ser angustiado, maltrecho y cansado.

Una mañana, después de caminar durante varias horas por calles vacías, me interné en un parque. De pronto el piso se abrió y caí. Sentí que mi cuerpo flotaba, que no tenía peso, era un vacío oscuro. El choque con el agua helada amortiguó la caída.

Al abrir los ojos y recuperarme de la sorpresa, sentí un extraño miedo. Comprendí que me encontraba en un gran río subterráneo, con paredes de gran altura, por donde corría agua cristalina.

Empecé a nadar buscando la orilla. Conforme avanzaba, crecía la claridad. Al fondo, a un lado del río, contemplé una gran roca.

Salí del río y, lentamente, me acerqué y escuché una voz agradable que parecía venir de esa roca:

—Hoy existe la posibilidad de que los ciudadanos logremos influir en la dirección de nuestra vida y en el futuro de nuestra sociedad.

Tu condición de individuo te permite el respeto a tu ser integral y te convierte en fundamento de la sociedad y en su unidad básica de cambio...

Intenté averiguar de quién era esa voz y ver de dónde salía. Con una necesidad contenida, pregunté:

—¿Podrías decirme dónde me encuentro?

Y la voz contestó:

—*En el río de la conciencia. Necesitarás recorrerlo y bañarte en él hasta que lo logres...*

—*¿Lograr qué?* –pregunté.

La voz, con tono firme, solicitó:

—*Cumplir con tu compromiso histórico en este momento de transición.*

—*Y, ¿cómo lo lograré?* –volví a preguntar.

—*Lo irás descubriendo. Al bañarte en las aguas de la conciencia, enriquecerás tu compromiso; el que te dará el poder de identificar y alterar las fuerzas que deciden el futuro.*

—*¿El futuro?..., si aún no entiendo el presente* –contesté.

Y después de un profundo silencio solicité:

—¿Puedes decirme cómo empezar?

La voz indicó:

> *—¡Siendo protagonista*
> *de tu propia historia!*
>
> *¡Descubriendo tu misión,*
> *tu ser y hacer en este mundo!*
>
> *¡Dándote respuesta*
> *a ti mismo y a tu medio!*
>
> *¡Conociendo tus potencialidades*
> *y tus valores!*

Y terminó diciendo:

—Sé que lo lograrás,
has sido seleccionado
para ser un protagonista
consciente de su propia existencia
y del papel que juega
en este momento histórico.

16
¿QUÉ ESCRIBIRÁN SOBRE MI TUMBA?

Alegre y seguro de mí mismo, logré llegar a la cima de una gran montaña. En las alturas me llamó la atención una tumba que brillaba como un lucero. Me acerqué y pude leer:

Epitafio

En memoria de un ser que se hizo presente a través de sus pensamientos y acciones; que supo elegir el lugar y el momento, para darnos una obra genial, por lo vasto de su horizonte y la extensión de sus aplicaciones. Un ser que con sus hechos, su conducta y su amor nos ha permitido que le recordemos eternamente.

Experimenté una gran satisfacción al saber dónde enterraban a los seres realizados. Y surgió dentro de mí una inquietud:

¿Qué escribirán sobre mi tumba?

Al preguntármelo, sentí de cerca la muerte, como si temiera que éxtasis y plenitud fueran momentáneos. Traté de olvidar este sentimiento.

Me detuve a contemplar mis logros; pensativo observé desde la cima de la montaña lo grandioso de la obra de Dios: el prodigio de la naturaleza, el equilibrio y unidad de todos los seres. Logré captar mejor las oportunidades de realización de los seres humanos y todo lo que estábamos desaprovechando. La experiencia provocó en mí una mayor afirmación a la vida.

Pensé en todos aquellos que viven en el valle húmedo, frío, oscuro, que no han sentido lo que es llegar a la cima. Me entristecía recordar el mundo que ellos mismos se habían forjado; su falta de compromiso, de valor y dignidad.

Conforme reflexionaba, mis preguntas fueron cada vez más profundas. Descubrí nuevas respuestas sobre mi naturaleza y circunstancias. A veces me preguntaba:

¿Cuál es mi misión? ¿Será acaso gozar individualmente mi realización? ¿Qué debo hacer con mis conocimientos, experiencias y sentimientos?

Permanecí largo rato en silencio; trataba de ordenar mis pensamientos, de encontrar cuál era mi misión en el mundo.

A la mañana siguiente, descendí al valle, y comuniqué a todos la realización de mi hazaña y lo que había pensado y analizado acerca de mi Epitafio.

Algunas personas decían que estaba loco, otras que era un idealista; y no faltó quien pensara que era un ser de otro mundo.

Seguí mi camino. Estaba ansioso de continuar experimentando, aprendiendo y reafirmando mi confianza de manera ingenua y sincera. No desperdiciaba ocasión de despertar en todos el deseo de comprometerse y realizarse.

Les hablaba de lo grandioso de su naturaleza, de sus potencialidades, de la búsqueda por satisfacer necesidades superiores, de fijar objetivos concretos en todas sus actividades, de aprender a superar las crisis, de retarse y decidir correr riesgos de vida, de cómo salir de su mediocridad, conformismo y cautiverio y de buscar el camino del compromiso y de la realización.

Después de un largo tiempo, al volver a la montaña, sorprendido encontré que mis palabras habían sido escuchadas y que no era yo el único que estaba buscando conquistar la montaña y encontrar la respuesta... Había muchos más tratando de saber sinceramente cómo lograr vivir en forma trascendente y digna para que alguien escribiera en su tumba sus acciones, sus aportaciones, y que sus obras trascendieran tanto en el tiempo como en el espacio.

*Y comprendí
que cada uno debemos
escribir con nuestra conducta,
visión y entrega cotidiana,
lo que queremos
que la humanidad escriba
cuando entremos al espacio
de la muerte... de lo infinito.*

Reflexiones sobe el vuelo

El Creador nos otorgó la libertad como una cualidad para crecer y ampliar las posibilidades y oportunidades de vivir y de lograr niveles superiores, para que intentemos llegar hacia Él...
¡No lo defraudes... sé libre!

Volar es...

Superarte a pesar del medio ambiente, por tu alto valor moral y tu ferviente deseo de realización, por tu férrea voluntad y por no dejarte llevar o dirigir por conductas que limitan tu crecimiento.

17
¡Defiende y ama tu profesión!

Había sufrido muchas tristezas y desilusiones: me sentía degradado, adolorido, despreciado, y lo más triste era que por políticas y falsos rumores, me estaban torturando para que desistiera de seguir siendo un buen maestro, un ser que daba todo lo mejor de sí mismo y se lo entregaba a mis alumnos, pero que por eso mismo tenía enemigos y estorbaba en aquel medio.

Busqué refugio en mis pensamientos.

Deseaba estar cerca de Dios. Era como acercarme al lugar adonde deseaba llegar, pero no ahora, que todavía no terminaba mi misión como maestro.

En mi mente, seguía buscando imágenes positivas que me apoyaran en mi angustia, que no me permitieran ceder, que me dieran energía para seguir luchando.

Recordé con alegría cuando dirigía grupos estudiantiles y dábamos clases a grupos marginados. ¡Qué hermosa labor!... Durante años quedó dormida mi vocación. Hasta que conocí a "Mi maestro".

Escuché claramente su voz:

"El hombre posee una gran reserva de libertad interior. Aun bajo las circunstancias más difíciles y adversas, el hombre siempre cuenta con alternativas, mientras se encuentra vivo."

Fue entonces cuando despertó mi vocación y reafirmé mi sentido de vivir.

Mi maestro logró que la semilla en mí germinara. Sentí que me transmitía su autenticidad, su amor. Me devolvió la coherencia, la esperanza de dar lo mejor de mí mismo, de educar, de ser un buen maestro.

Entendí lo que era mi misión y lo que significaba el aula; y para que mis alumnos también comprendieran les dije:

–El salón de clases es un recinto sagrado; es algo mágico, algo divino, donde un grupo de individuos dirigidos y estimulados por un maestro crecen y evolucionan en su interior, en sus conocimientos, en sus habilidades, en sus valores y actitudes, para transformar su realidad y la de su medio, a través de procesos en don-

de se desarrollan actividades significativas, se crea, se juega, se compite, se sufre y se goza; en fin, ¡se vive!

Es un lugar donde se cultivan y se maduran los potenciales humanos.

Este fenómeno mágico no sólo se da en un lugar específico, sino que cualquier lugar puede convertirse en un recinto de crecimiento humano, cuando se vive un proceso educativo digno del hombre. Es cuando la armonía, el equilibrio y la riqueza natural oculta en ti, florece. Es el momento asombroso, cuando las voluntades maestro-alumno se entregan a un proceso tendiente hacia la búsqueda de la libertad interior y exterior.

*Es cuando, a pesar
de mil vicisitudes y angustias...*

*¡defiendes y amas tu profesión,
tu vocación de ser un auténtico
y buen maestro!*

18
¡NECESITAMOS TU PRESENCIA, MAESTRO!

Recuerdo que un día, insatisfechos y cansados por las clases tan aburridas y sin contenido, tratamos de dar a conocer nuestros pensamientos y frustraciones a los maestros, y elaboramos de buena fe una súplica para que reflexionaran y entendieran nuestras necesidades y nuestra verdad. Cuando logramos unir la manera de pensar y sentir de todo el salón, escribimos la súplica en un papel pergamino precioso, como un gran diploma, y decía:

Necesitamos tu alma y tu presencia, maestro... no sólo tus manos, tu tiempo y tus excusas. Necesitamos que tu ser tenga coraje y madurez para orientarnos, alertarnos y conducirnos sin violencia y represión.

Necesitamos que nos consideres seres humanos, que se deben moldear, no objetos vacíos por llenar, ni problemas por controlar.

Necesitamos tu confianza, maestro... y que nos aceptes como personas con un inmenso potencial, capaces de desarrollarse, mediante un proceso educativo y con una misión incierta.

Tu misión es ayudarnos a identificarla y enseñarnos los caminos que debemos recorrer para cumplirla. Maestro, deseamos que no veas en nosotros a posibles adversarios ni futuros enemigos.

Maestro, necesitamos que ilumines los caminos de la participación, de la libertad y el compromiso, para que logremos transformar nuestra realidad y nuestro medio.

¡Necesitamos tu presencia... maestro! Para que, en una relación madura y comprometida, ambos demos lo mejor de nosotros, participando en la transformación del mundo que hemos heredado...

Necesitamos tu compromiso y tu coraje, y que entiendas tu misión y la nuestra como seres humanos y estudiantes, y nos encauces a cumplirla, respetando nuestro esfuerzo y nuestro tiempo, los cuales no tienes derecho a desperdiciar.

¡Necesitamos tu presencia... maestro!
Necesitamos libertad, comprensión, justicia y amor...

LOS INCONFORMES

El maestro, que era una persona sin vocación y sin entrega, en su ignorancia e inconciencia lo recibió gustoso sin entender nuestra súplica y agradeció nuestra aceptación, seguro de que él estaba entregando lo mejor; lo que le enseñaron a hacer.

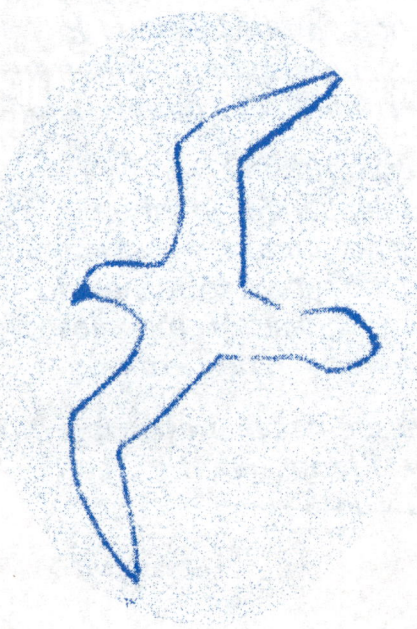

Reflexiones sobre el vuelo

Una verdadera razón para enriquecerte como ser humano es el compromiso; se trata de un acto de opción libre, en el que aceptas por convicción que se establezca un vínculo que no permite negarte a ti mismo, ni a lo que forma parte de ti, y que se oriente hacia la armonía y plenitud de tu "ser", desencadenando toda la esencia contenida en ti.

Volar es...

Gozar y sentir el vuelo, que será tranquilo, porque sé hacia dónde voy... es una experiencia que detiene, que domina el tiempo... así como en las cumbres más altas, el esfuerzo físico y la voluntad se convierten en una misma cosa.

19
¿CUÁL ES EL DESTINO DE LAS ÁGUILAS?

El águila en búsqueda, simbolizando a un ser como yo, dispuesto a comprometerse y correr riesgos, se encontraba en lo alto, trazando su poderosa silueta sobre el océano, acercándose juguetona al mar, para ser acariciada por la espuma de las inquietas olas, recordó lo que le había dicho el Águila Acompañante con la que había recorrido mucho mundo:

–Ése no es el destino de las águilas. ¿Ves esas figuras tristes y deformes que

viajan por todos los rumbos de la Tierra y cuyo autor dice que son de un lugar de cuyo nombre no quiere acordarse? Escuchémoslas y encontrarás el destino de las águilas.

Nos acercamos al momento en que el fiel escudero preguntaba a su señor:

–Perdone, *vuestra merced. Deseo entender: ¿qué ha hecho el mundo de vuestros ideales, conquistas y hazañas?*

–Advierte, hermano –replicó el de la Triste Figura–, *cómo nos han dejado convertidos en tuercas, tornillos y rondanas. Mira mi Rocinante: ¡un monstruo mecánico! ¡Oh desgracia! Pero no te desilusiones: el cielo advierte nuestra presencia. Hágote saber que el mundo, más que nunca, necesita de águilas con valor y profundo respeto a sí mismas y a la humanidad, que cambien nuestra mecani-*

zada, autómata y triste figura. ¡Ea, hermano, sigue adelante y espera!

–No entiendo –aseveré a mi acompañante.

Y ésta añadió:

–Esas figuras, convertidas en tuercas, son el símbolo de los valores e ideales trascendentales de todos los seres.

Dentro de su largo recorrido a través de la historia, han cambiado su imagen. Ahora, se encuentran como si nuestros ideales estuvieran automatizados, mecanizados y metalizados; como si hubiéramos perdido el gusto por el amor, la justicia y la bondad.

Al caminar las mecanizadas y tristes figuras, se oía el crujir de tuercas, láminas y tornillos oxidados por el tiempo.

El Águila Acompañante siguió hablando de la historia y evolución de las águilas; de sus ideologías, conductas y conceptos; de su valor e importancia sobre la Tierra; de los problemas para sobrevivir, para ser felices.

Una tarde, cuando contemplábamos una puesta de Sol, el Águila Acompañante afirmó:

–Hemos hablado de la vida, de la naturaleza y de las cualidades y valor de las águilas. Pero no te he preguntado: tú, ¿qué buscas?

Y con alegría contenida contesté:

–¡La realización!

20
¡Goza tu realización!

Cuando me encontraba fatigado, pero feliz en la cima de la montaña, gocé el éxtasis y la euforia que sentía dentro. Escuché mi voz interior que lentamente me decía:

"Has empezado a saborear la satisfacción de las necesidades superiores; por eso estás más cerca de tu propia naturaleza. Ahora puedes dar mayor sentido a tu existencia y desarrollar plenamente tus potencialidades. El solo hecho de as-

pirar a la satisfacción de estas necesidades te ha estimulado a la búsqueda más profunda de ti mismo, de tu medio, y te ha permitido desde ahora sentir los goces de la realización.

"Lograrás la satisfacción de estas necesidades superiores con mayor plenitud cuando busques continuamente opciones de la vida y diferentes caminos que seguir; cuando no cambies tus valores trascendentales, tus objetivos y tu propia naturaleza por la seguridad y la comodidad. Y cuando elijas o rechaces por ti mismo lo que debes o puedas hacer y aceptes las consecuencias, estarás acercándote a la libertad.

"Cuando realices la búsqueda continua de descubrirte a ti mismo y logres conocer y valorar los elementos y fuerzas internas y externas, habilidades, sentimientos y valores que intervienen en tu

comportamiento y en tu propia existencia, y cuando te aceptes tal como eres, susceptible de desarrollo, y logres intuir la unidad y armonía de tu ser, estarás más cerca de ti.

"Cuando consigas dar utilidad y valor a tus actos, a base de preguntarte: ¿por qué lo hago?, ¿cuáles son mis valores, ideologías e ideales?, y cuando alcances a cimentar tu propia filosofía de vivir, estimulante, retadora y sublime, según la cual cada acto expresa lo que eres capaz de hacer, crear, transformar y amar...

"Te habrás manifestado a ti mismo...

"Cuando llegues a amar a cada ser y cada acto que él realiza, con sinceridad y respeto, y lo aceptes tal y como es, con sus valores, ideologías, orígenes y creencias; y consigas comunicarte con él libremente, sin vanidades ni egolatrías, acercán-

dote profundamente a ti mismo y a los demás; y cuando vivas con amor recibiendo sus beneficios sin esperarlos, te habrás amado a ti mismo."

Me encontraba sorprendido de la belleza de los sentimientos que de ella brotaron; ahora me alegraba de haber llegado a la cima de la montaña. Sin embargo, no alcanzaba a comprender del todo lo que estaba sucediendo. Me detuve un momento a reflexionar, a ordenar mis pensamientos, a tratar de jerarquizarlos.

Seguí gozando de las alturas y de los vientos. Aumentaba cada vez más mi éxtasis: ahora comenzaba a estar consciente de mis elementos de satisfacción.

De nuevo escuché mi voz interior, que me decía:

"También alcanzarás a satisfacer con

*mayor intensidad tus necesidades superiores cuando busques continuamente tu desarrollo integral, con el que conjugues y equilibres todos los elementos fundamentales de tu ser (**tu bien ser**, **bien hacer**, **bien estar,** y **bien tener**) en todas las actividades de tu vida. Y cuando alcances a desarrollar y consolidar tu voluntad, conocimientos, habilidades, talentos, valores y conductas, podrás crecer por ti mismo.*

"Cuando llegues a entender tu medio, lo desafíes con agresividad e inteligencia, y te integres a él activamente, consciente de que él puede influir en ti y tú en él; y cuando consigas superarte a ti mismo, superar a tu propio medio y orientarlo hacia valores, creencias, ideologías y conductas que te permitan la realización...

Habrás abierto los caminos, conocido los medios y encontrado los fines."

¡Ahora goza tu realización, te la has ganado!

21
¡VUELA HACIA LA ESPERANZA!

Cerré los ojos y empecé a ver imágenes; a intentar soñar, a imaginarme cómo sería mi país en el nuevo milenio. En voz alta pregunté:

_*¿Logrará la humanidad llegar al nuevo milenio?*

Una suave voz que surgió desde el interior de mi ser contestó:

_*No dudes; la humanidad no va a morir, sólo vive una etapa evolutiva, nece-*

saria para llegar a otros niveles de conciencia y libertad.

Y afirmó:

—Imaginemos que vamos por un río que tiene dos orillas que mantienen el equilibrio; en un lado están los que creen que el nuevo milenio incluye guerras, muertes y epidemias y la destrucción total de la humanidad, y en la otra orilla estamos los que creemos que empieza el renacer de un nuevo hombre y de una nueva sociedad.

—Yo creo en el camino de la esperanza —afirmó mi voz interior—... en el nacimiento de una nueva sociedad, porque en el corazón, la mente y en la naturaleza intrínseca de cada ser humano, existe un compromiso, no sólo de mantener la vida, sino de enriquecerla con el uso y desarrollo de los recursos que el Creador nos otorgó.

Y siguió diciendo:

—Estamos conscientes de que vivimos una crisis... ¡que es natural! Cada fin de año, siglo o milenio las personas y las sociedades vivimos profundas crisis, donde simbólicamente morimos, para volver a nacer. Ahora la transformación es más profunda, porque se unen el año, el siglo y el milenio, propiciando así las condiciones para que vivamos una transformación... una metamorfosis social, que geste un nuevo orden social.

Y terminó diciendo:

—Estoy seguro de que todo este esfuerzo mío y de cada uno de nosotros, engendrará una sociedad renovada con una cultura de códigos morales superiores, que al fin se ha descubierto que existen en el interior de cada ser humano.

*¡Sigue el camino de la esperanza...
y aprende a volar alto
y trascender!*

¡Vuela hacia la esperanza!

ALFONSO LARA CASTILLA

Nació en Torreón, Coahuila, estudió la licenciatura y maestría en el ITESM Campus Monterrey, UNL e INCAE, especializándose en administración y desarrollo organizacional. Es creador de la filosofía del compromiso humano, en la cual sustenta su obra. Es conferencista, consultor y creador de varios modelos de desarrollo educativos y empresariales. Basándose en su filosofía del compromiso busca llegar a todos los seres humanos, ofreciendo caminos de participación, compromiso, entrega profesional, realización y trascendencia.

Durante más de 30 años ha sido maestro, investigador, escritor y asesor independiente en instituciones públicas y privadas.

Ha colaborado como gerente y director en varias empresas privadas, también ha sido asesor y conferencista en instituciones gubernamentales, educativas, industriales y de servicio. Fue maestro del ITESM y de la Escuela de Graduados de la Universidad de Nuevo León.

Fungió como asesor de la Dirección General de Educación Superior de los 52 Institutos Tecnológicos regionales, el CONALEP, el ITESM y del Consejo Estatal Técnico del estado de Sonora y de la Secretaría de Educación, Cultura y Promoción Social del estado de Durango.

A nivel internacional ha sido asesor formativo en diferentes empresas de Perú y Colombia y de innumerables universidades e institutos en Centro y Sudamérica, como en la Pontificia Universidad Católica del Ecuador.

Actualmente es asesor externo y consultor en la Universidad Tecnológica Tula-Tepeji en el estado de Hidalgo.

Escribe en la revista *Calidad & Excelencia* de la ciudad de Lima, Perú. Es asesor de programas de desarrollo y compromiso en nueve empresas del Grupo Vitro, igualmente en los grupos: Ladrillera Monterrey, Cervecería Cuauhtemoc, Monterrey, Cía. de Seguros; Grupo Alfa, Cigarrera La Moderna, Grupo El Fénix, DESC, CYDSA, IBM, SKF, Kimberly Clark, DINA Camiones, DM Nacional, Carrancedo Alimentos y Unión de Muebleros del Estado de Jalisco. También ha sido asesor de varias organizaciones públicas.

Escritor de 16 éxitos literarios entre los que destacan: *La búsqueda, ¡Mujer!... lucha por tu ser, ¡Vuelve, maestro... vuelve!, El umbral del milenio, Momento de compromiso, Participar... una gran aventura,* y su último libro *Más allá de la búsqueda.*

Ha recibido varios premios y reconocimientos entre los que se encuentran: dos Dianas de Oro y una de platino por haber vendido más de 2 000 000 de ejemplares de su obra, ello lo convierte en el escritor más leído por la juventud y la familia en América Latina. Premio Nacional de Literatura Emma Godoy, Premio Anual de Comunicación y una distinción especial del Consejo de Directores de los Institutos Tecnológicos otorgado por la Dirección General de Educación Superior.

Ha sido huésped distinguido en las ciudades de Veracruz, Tijuana, Acapulco, Progreso de Obregón y Córdoba, Veracruz.

Ha formado una familia con cinco hijos en donde el amor y la entrega profesional prevalecen, reside actualmente en la ciudad de Cuernavaca, Morelos.

LECTURA PARA
toda la familia

ALFONSO LARA CASTILLA

Es el escritor de mayor éxito en México y Latinoamérica con más de 2,000,000 de ejemplares vendidos y uno de los más leídos por la juventud.

Utilizados por padres, maestros y directivos para invitar a hijos, alumnos y empleados a comprometerse individual y socialmente.

Alfonso Lara Castilla es el escritor más leído por la juventud y toda la familia.

Lectura amena, motivante, sencilla, de fácil comprensión y rápida concentración.

A precios accesibles para todo público.

La búsqueda

La búsqueda ha conquistado el gusto de los lectores por el caudal de mensajes positivos que contiene. Es una obra pionera de la literatura motivacional y uno de los éxitos editoriales más rotundos de todos los tiempos.

¡Vive!

Es la experiencia de un hombre que ha caído en un estado de mediocridad y a través de vivir su panteón interior y enfrentarse con la muerte, decide rescatarse como ser humano.

¡Mujer!...
Lucha por tu ser

Es sorprendente que Alfonso Lara Castilla, con su capacidad increíble, penetre desde el interior del pensamiento y angustia de la mujer actual en la problemática de la pareja y de la familia.

¡Vuelve maestro... vuelve!

Al maestro... al profesional es a quien exhorta Alfonso Lara Castilla a reflexionar sobre el compromiso, la mística, la misión, vocación y la entrega, y a vivir algunas experiencias que lo orienten a actuar como auténtico profesional.

Vuela... a tu libertad

Un hombre descubre que su libertad es una cualidad para crecer y ampliar sus posibilidades y oportunidades de vivir y lograr niveles de realización y trascendencia.

Escucha... tu espacio interior

Es una invitación para recorrer el Yo interno, donde se encuentra un universo fantástico de matices mágicos en el cual radica la energía que transforma y nos orienta a otros niveles de conciencia.

The Quest
Edición didáctica bilingüe

Lectura amena, motivante, sencilla, de fácil comprensión y rápida concentración.

Momento de compromiso

Momento de compromiso es una obra de gran originalidad y de fácil lectura cuyo rico contenido está dirigido a cada uno de nosotros como seres únicos de nuestra sociedad, pero especialmente a los jóvenes, quienes son la fuerza principal para producir el cambio necesario para crear una nueva realidad en nuestro país.

El camino mágico

Un niño y una niña nacen con una misión: convertirse en Guerreros del Arco Iris, y para ello tienen que atravesar un bosque donde se encuentra el CAMINO MÁGICO. Es ahí donde se halla la Esfera de Luz, y los niños que la habitan tienen el poder de iluminar el corazón del mundo, ganando así la medalla al valor.

Aprender a volar I

33 invaluables narraciones motivacionales para quienes desean superarse, mejorar su vida y fortalecer su espíritu para extender sin temor las alas y alcanzar las alturas.

Alas de luz

Estos hermosos cuentos de Alfonso Lara Castilla muestran la naturaleza de un mundo mágico, habitado por seres valiosos que poseen en su interior la fuerza instintiva de la ternura.
Una narración llena de amor, que llega al corazón de niños y adultos.

ESTA EDICIÓN SE TERMINÓ DE IMPRIMIR
EL 15 DE FEBRERO DE 2000 EN
OFFSET VISIONARY, S. A. DE C. V.
HORTENSIA 97-1, LOS ÁNGELES, IZTAPALAPA
09830, MÉXICO, D.F.